열
린
選

0
0
2

가깝고 먼

김서하 시집

열린 選 002

고요아침

시인의 말

곁과 곁을 삼킨 관계가 캄캄하다
곁에서 태어나 곁에서 침몰해가는 관계
사이의 한계에 닿아 부서지는 경계의 소리가 시리다

2019년 3월
김서하

차례

05 시인의 말

제1부

13 가깝고, 먼
15 내성
17 금형
19 병원 키즈
21 점이의 방식
23 붉은 벽돌의 자세
25 식판 이데아
27 드로잉
29 호모 오티움
31 오디션
33 림
35 민들레 저작권

제2부

39   껍데기론
40   도장 박물관에서
42   비문非文을 비문碑文으로 읽다
44   밭담
46   절반의 청사진
47   내연
49   입이 없는 돌
51   초분
53   고정
55   hole
57   드림 캐처
58   모과의 자상

제3부

61 접목

63 흑黑

64 제습

65 크래커와 연애

67 속도는 쿠바에서 죽는다

68 가벼운 이사

69 누수

70 혀 1

71 미역귀

72 연포탕

73 유턴

75 종이칼

제4부

79 시래기
80 문장의 고독
81 혀 2
82 동의합니까
83 녹턴
84 돼지들
85 지워진 팔
87 등골
88 오른손잡이 나무
91 집착 알레르기
92 간
93 취향

제5부

97　틈의 계보학
99　코러스
101　박음질의 공식
103　분쇄기
105　오해의 레시피
107　변죽
108　변검
110　바일리 꼰 꼬르떼
112　피쉬볼
114　무료와 유료 사이
116　맹벽盲壁

118　해설_관계의 무늬, 혹은 가면의 미학/ **황치복**

제 1 부

가깝고, 먼

달아나도 제자리로 돌아오는 시계바늘처럼
근경과 원경은 정오와 자정처럼 애매하다
낮과 밤의 경계는 흑백처럼 선명하지만
누가 낮이고 누가 밤일까

나와 당신의 시선이
타인의 팔처럼 부딪치고 지나가는
이곳과 저곳의 거리엔
한마디에 멀어지는 간격과
밀착할수록 위험한 사이가 숨어 있다

이중적 거리
두려운 간격
당신의 왼쪽과 나의 오른쪽 사이엔
안개가 자주 끼고 고장 난 신호등이 있다

벤치의 끝과 끝에 앉는 우리들
돌아서는 거리는 측정이 어렵고

서로 반경 안에서 떠돈다
끌어당기지 않으면서 사랑한다
밀어내지 않으면서 증오한다

두 개의 1인 극장
가깝고, 먼

내성

건조한 당신이 왼쪽 심장으로 들어와
발뒤꿈치를 눌렀을 때부터 시작됐지

뒤꿈치를 문지르며 무심코 지나온 일들을 떠올렸지

무감각해진 당신과 나의 사이처럼
투박하게 앉아 있는 내성 덩어리를 물에 불리면
굳어있던 집착들이 부풀어 올랐지
쩍쩍 갈라진 두께는 건기에서 우기로 습성이 바뀌고
변색되어 무관심의 부피를 늘렸지
당신이 물고 온
네가 끌고 온 딱딱해진 관계의 실체라고나 할까
각질은 뒤쪽의 한숨이 쌓인 거겠지
매끈한 맨발로 당신에게 닿았었는데
돌아올 땐 미진함이 뒤쪽에 달라붙었지
경쾌할 땐 뒤꿈치를 사용할 필요가 없었지만
우울할 땐 뒤꿈치를 사용할 수밖에 없었으니까
칼날을 비스듬히 밀어 넣고

당신에 대한 기억들을 제거했지
둔감해진 내용들을 천천히 반복해서 도려냈지만
맨 얼굴일 때 드러나는 미인의 실체처럼
맨발일 때 더 드러나는 굳은살의 아린 표정
당신을 나의 내성內城에 포함시키지 말았어야 했는데

금형

당신의 변심을 내 뜨거운 증오로 녹여
틀에 넣어 굳히면 오역作逆이 증발될까
사라진다 해도 불순함은 기포로 남아
끝내 주인공 없는 결말을 포기하지 않겠지
부식된 감정은 절대 끓는 쇳물처럼 넘칠 수 없지
한 개의 약속이 밀착을 밀어낸다는 것은
위틀과 아래틀이 떨어진다는 것은
사이와 사이의 온기가 식었다는 의미지

요구하는 자세와 받아주는 태도는
잘 맞물린 위와 아래처럼 일치해야 하는데
나는 동그라미로 읽었지만 당신은 타원형으로 그렸지
너의 입맛에 맞추었지만
취향은 예측을 넘어서서
완성을 자주 던져버리곤 했지
내 몸에 당신의 형상을 아프게 새기고 있었는데
함께 누웠던 풀밭의 무늬를 계산하고 있었는데
당신이 만들어 놓은 상처를 불량이라고 우기며

다른 형식과 방식을 추구했지
오차를 벗어난 범위는
맞은편에 있던 다른 틀이 정하는 거니까
나의 주형에 당신의 지문이 남아있으면 안되니까
무엇이든 원본은 오롯이 하나뿐이어야 해
절대 반성조차 내밀 필요 없다는 뜻이야

병원 키즈

무균실 투명유리방은 제 고향이에요
갇혀있는 걸까요
보호받고 있는 걸까요
이름도 모르는 링거액이 나를 사랑하고
산소호흡기가 싱싱한 속삭임을 제공해요
머리카락은 다 사라졌어요
이곳에서는
이곳이 시키는 일만 해야 해요
엄마 무릎도 봄볕도 없는데 졸음이 쏟아져요
졸음 끝에 절벽이 있을까요
또 다른 캡슐이 있을까요
절정 앞에서 항암제가 나를 깨우지만
치사량의 세균들은 늘 집요해요
바깥이란 말은 아직 몰라요
의사선생님은 왜 우주복 같은 하얀 가운만 입을까요
번식하는 환자복들
알몸인 나는 외계인일까요
방역실을 기웃 거리며

간호사가 쓰고 있는 것은
관찰일지일까요 죽음일지일까요
그래도 소독약 같은 눈빛으로 보지마세요
우리는 무럭무럭 꿈틀대고 있으니까

점이*의 방식

온수와 냉수가 뒤섞인
물의 모호한 경계처럼
나의 근본은 엄마도 되고 아빠도 되지
엄마는 오른손, 아빠는 왼손
나는 양손잡이지
엄마의 고백 속에는 아빠가 있는데
아빠 독백 속에는 엄마가 있을까
나의 윤곽엔 엄마도 있고 아빠도 있지
엄마의 독백 속에 내가 있고
아빠의 고백 속에 내가 없어야 할 텐데
식사할 때는 엄마만 있고 아빠는 없지
외출할 때는 아빠만 있고 엄마는 없지
갈라지는 자세를 배우지 못한 나는
회귀성 물고기가 되어 강과 바다를 떠도는 것이 장래희망,
엄마의 말을 배우며 아빠와 시소놀이를 했지만
내가 앞으로 가면 아빠는 뒤로 물러나 사이를 얼버무렸지

아빠는 애매한 경계를 제시했고
엄마와 나는 적당히 불안해하며 서로의 면面과 면面을 부볐지
오늘밤엔 아빠만 있고 엄마는 없지만
내 몸속엔 엄마와 아빠가 반반씩 들어있어
공간과 공간 속에 겹쳐지며 살아가지
이쪽도 저쪽도 아닌 듯이
구분은 있어도 분류는 없다는 듯이
우리는 있어도 우리들은 없는 것처럼

* 경계면에 위치하는 지역으로 두 지역의 특징이 동시에 나타나는 현상.

붉은 벽돌의 자세

가끔 손바닥을 뒤집는 담쟁이는 직선 후 곡선을 고집하지만
벽돌은 직선만을 요구하죠
어지러운 곡선을 이해하려고
붉은 벽돌담이 담담한 표정으로 배경을 펼쳐놓았어요
햇볕이 담쟁이를 움켜쥘 때마다
핏줄과 힘줄이 엉기고 숨소리가 높아져도
벽돌이 벽돌을 이고 버티는 형상
바람이 담의 어깨를 흔들 때도
모습은 흐트러지지 않아요
굶주린 고양이발톱에 할퀴어도
팔월의 환삼덩굴이 발목을 덮어도
묵묵히 서 있는 벽돌의 태도는
대를 이어온 가풍일까요 역할일까요
차갑고 뜨거운 감정들
저 끈기에 대한 몰입을 누가 떼어낼 수 있을까요
담 안쪽에 누가 사는지
벽돌은 몰라요

모르니까 언젠간 금이 가겠죠
틈 사이로 잔뿌리를 내리며 담쟁이는 다시
자세를 부여잡겠죠
곡선 직선이 한 몸으로 엉킨 채
붉은 고집을 잔뜩 품고 한 통속으로 지워질지 몰라요

식판 이데아

제발 그만,
당근은 채찍과 같은 말이죠

배고픔이 줄을 서면 사각에 담기는 한 끼
틀은 늘 식성을 가두고 동시에 근엄하게 바라보죠
맛 같은 것 중요하지 않다고
바꿔 먹을 필요 없다고

환절기 내내 앞뒤 양 옆 모두 같은 태도
밑바닥이 보여야 만족하죠
이해한다는 듯 자꾸 끄덕이지 말아요
 일차 방정식처럼 a와 b의 차수를 혼동하면 분위기는 다운되지요

 이 칸 저 칸에 담긴 우리의 유통기한은 몇 세기쯤 될까요
 무럭무럭 자란 우리가 네모에 갇히고 네모를 사랑할 때

학교와 군대와 건물은 잘못이 없어요
국 자리에 밥이 담겨도 개의치마세요
뒤엎고 싶은 것은 식판만이 아니잖아요

당신들의 입장을 과식했나요
질서를 편식했나요?

우리는 포개지고 포개져서 끝내 기타 등등이 되고 말지요
5첩의 생각들 이런 건 희극이 아니잖아요
당신의 특식까지 배식해 주세요
길고 긴 줄은 얼마든지 참을 수 있어요

드로잉

A4 용지에 원을 하나 그렸지
기준점으로부터 파문이 번지는 게 보였어
아다지오, 아다지오,
리듬이 지나간 후
나도 단일폐곡선을 따라 빙빙 돌았지
달아나는 설계도처럼
흘러내리는 데생처럼
파문은 중점을 끌고 표류했지
달리의 시계처럼 모든 시간이 다 휘어진 후
삭망과 삭망 사이 보름달이 일그러졌고
달의 흉터에 살짝 구름이 엉겨 붙었지
변신을 꿈꾸던 나는 끝내 울지 않고 침전을 반복했어
하루에 한 뼘 실선을 아껴가며 지웠어
결국 만날 수밖에 없는 귀결점처럼
한 선만 남아야 동그라미는 결정되고 말겠지만
결코 원형감옥 같은 것은 떠올리지 않았지
책상 밑은 온통 구겨진 동그라미
A4용지에 원을 하나 더 그렸지

멈추지 않고 단번에 원점으로 돌아오는 독주를 시도했어
 녹아내리는 눈사람에게도 회전은 필요하지
 그러니까,
 내가 완성하려던 것은 시작이라는 한 점이었지

호모 오티움*

휴지休止는 어디 있나요
공원 벤치 길게 누운 노숙자의 엉덩이 밑에 있나요
졸고 있는 노인의 검은 봉지 속에 있나요
능수버들의 자세처럼
하지의 저녁처럼
축 늘어진 당신은 오전과 오후를 즐기자고 했지요
창문을 닫아도 스미는 햇살처럼
도무지 흔들리지 않는 찌처럼
나른한 손가락을 구부릴지 모르는 사람처럼
무작정 아무것도 하지 말자고

당신은 혼자 어디서 휴지를 찾고 있나요
목소리가 들리지 않아도
나 없이도, 문득 만나는 고요에 익숙해졌다고
벽의 속삭임을 음악처럼 들을 수 있다더니
당신은 점점 처럼을 밀어내고 있어요
작은 창으로 바라보다 높이 올라가버린 그믐달처럼
뜸하게 찾아와 서성거리다 가는 간호사의 소음만이

당신을 증명하고 있지요

아무것도 젖어들지 말아야
휴지休止의 처음과 끝을 구별할 수 있을까요
당신 몸을 집어 삼키기 전에 휴―긴 숨을 토하며
식물을 벗어날 수는 없나요

* 쉬는 인간.

오디션

부러진 발가락을 감춘 채 거울 앞에 서 있어요
무대는 날마다 특별한 자세를 요구하죠
요염하게 바람으로 흐르다가
절실하게 구름을 껴안다가
아무 조건 없이 소품이 되어보거나
동작과 동작들이 무성해져 하나의 무대가 되지만
결국, 한 동작만 살아남는 거죠

앙코르를 받는 것은 나 아닌 다른 사람의 몫
심사위원은 의자들의 취향만큼 확실하니까
배경 위에 배경을 겹쳐
그림자와 일치되거나 밀려나거나
리듬에 끌려가거나 끌고 가거나
아예 만나지 못하거나…

오늘 나에게 주어진 역할은 소문,
적락운의 대사를 외워야 해요
가장 잘 번져가는 비극이 되기 위해

다 자라지 않은 뼈들이 제멋대로 굳어지는 동안
캐릭터가 기형이 되어 어색해져도
가까이 있는 희극보다
멀리 있는 질책이 더 다정해져도
끝날 때는 매번 스마일

림*

영점을 조준해도
파문은 일지 않고
단일폐곡선을 따라 빙빙 돌다 내려왔지요
공을 던질 때마다 작아진 원주율
근거리에서도 림은 슛을 편식했어요
동그라미는
당신을 튕겨냈다 받아주며 승낙의 모서리를 숨겼지요
보지 않고 던진 오해에서 우수수 각이 떨어졌지만
4쿼터를 다 뛰고 연장전을 치러도
승부는 당신 편
결국 그 경기는 림과의 승부였지요
다 보이는 감시망으로 손을 뻗을 때마다
불쑥 튀어나온 방어각
수없이 던졌던 승률은 작은 구(球)에 쌓여 있고
림은 뱉어내는 것에 익숙하지요
괄약근에 힘을 준 슛 하나가 림을 벗어나는
그때 목구멍까지 쌓인 무언가를 배설하고 싶었어요
쾌변처럼 후련하게

점점 높아지는 커트라인
숱하게 던진 나의 투고投稿는 골라인 근처에 닿기나 했을까요

* 농구골대에 달린 동그란 테두리.

민들레 저작권

꽃을 베끼는 복제의 계절
들뜬 바람이 열린 창문으로 들락거린다

틈을 보이면 위험한 시뮬라크르의 세상
원본을 밝히지 않는
강을 건너온 바람의 옷소매에서 물냄새가 났다
가벼운 생일수록
뿌리는 질기다

제멋대로 분양된 흰 민들레
그런데 너는 알고 있을까
이번 달에 월세 계약이 끝난다는 것을

봄의 작품들
발신지를 몰라 저작료를 지불할 필요 없으니
끝까지 꽃대를 밀어 올린다마는
너를 안고
궁핍의 페이지를 한 번 더 옮긴다.

제 2 부

껍데기론

연기가 매캐한 이 골목
쫄깃한 외피가 석쇠에서 익어간다
겉옷 한 벌 벗어두고 사라진 몸뚱어리
어느 정육점의 갈고리에 걸려있을까

대를 이은 껍데기집
기름이 번질거리는 이곳은 누린내가 가업이다
담금질과 무두질로 살과 피가 분류되듯
술잔을 주고받는 사이
누군가는 알맹이로 누군가는 껍데기로 처리되었다

연탄불 위에서 얼큰하게 밀담이 오가고
오기나 자존심 따위는 순식간에 오그라든다
낯이 두껍지 않은 내 처세는
씹히고 씹힌다

듬성듬성한 근성을 뽑아내고 긁어내도
두드려 맞을수록 비굴은 더 질겨진다

도장 박물관에서

전시된 이름은 실명實名일까 실명失名일까
붙들린 이름들, 이것은 필시 족적이다
극적인 순간 가장 짧고 완고하게 다녀간 결심
위기, 절정도 없이 치닫던 파국이거나
비극들은 유보시킨 계약이거나…

이름이 감옥이었을까 도장이 감옥이었을까
한 자세에 갇힌, 아니 가둔
파국만 떠올리는 나는 누구의 감옥이었을까
대추나무 도장은 아직도 벼락을 삼키고 있을까
절지된 마디마디 그날의 화인이 각인되어
보는 것 가는 곳마다 나는 진창이다

가난한 자일수록 도장 찍는 일은 피해야 했는데
나의 일력日力은 일력日曆에 시뻘건 흔적을 남기고
일수쟁이는 틈틈이 숨통을 조였지만
얇은 시급은 웃자란 이자만 토해냈다
사각의 틀도 있지만 둥근 틀이 대부분

족적과 족적이 모여 족적들이 될 때 나는 소실점 모양이다

찍기 전과 찍은 후가 전혀 다른 것은
그들이나 나나 마찬가지

비문非文을 비문碑文으로 읽다

위선은 자주 출처를 속이고
획수는 비스듬히 누워 문장의 편견을 결정했다
석石책의 쪽수에
구성이 흐트러진 그해의 봄밤이 붉게 굳어
통째로 어긋났던 행간은 생생한 이미지가 즐비하고
까맣게 걸터앉은 변절한 목소리들
모서리를 벗어나려 안간힘이다
시간의 늑골로 들어간 단호한 저 자세를
가혹한 수평이라고 불러본다
눕기 직전에 목격한 것은 비릿한 비명이거나
미숙한 오역이거나
수많은 흉문을 삼킨 여백이거나
이건, 불편한 목도를 집필해야 하는 이유였다
계절의 봉인이 풀리는 때를 기다려
4월엔 까마귀가 착란 속에 자주 등장하고
 우리는 꽃그늘 아래서 몽상처럼 떠도는 페이지가
되었다
 침묵이 주석을 달아 놓은 곳마다

한숨이 마침표처럼 찍혀있는
백만 년의 침묵을 안고 있는 저 돌은
자신이 비석이 될 운명임을 알았을까
놀란 울음이 백비* 이편을 다 적시며 저편을 불러내는
과거의 목격과 현재의 진술이 만나는 곳
어처구니가 어처구니를 기다리고 있는 비문 앞에서
나는 편린이 들썩이는 착시를 난독한다

* 제주 4.3 공원의 빈 비석.

밭담

서귀포에 가면 담이 납작 엎드려
무작정 발목을 잡는다
거대한 바람을 다스려 당신에게 천천히 가라고,
옆을 볼 수밖에 없는 눈높이 앞에서
슬쩍 엉덩이를 까고 오줌을 누는 강아지
아방은 돌담에 기대 막걸리를 마시고
어멍은 망사리에 담아 온 해초를 풀어 새참을 준비하는
담장 너머 생의 속살이 훤히 보인다
이쪽과 저쪽의 풍경들이 월담을 하고
일렁이는 유채순과 산호초 사이 길게 누운 흑룡*이
젖은 비늘을 햇볕에 말리며 밭 사이를 끼고 돈다
안쪽으로 새를 날려 보내지 않아도
당신의 근황을 들을 수 있을 듯,
한 발 한 발 리듬을 탈 때마다 파노라마가 펼쳐진다
당신과 잡은 손은 자주 풀어져
짧은 산책도 혼자인 적 많았는데
만리를 함께 걸어도 떨어지지 않는 풍경과 돌담,

낱과 낱이 모여 하나의 장면이 된
울퉁불퉁한 스크럼은 풍족風足의 유전자를 베꼈을까
두루뭉술한 경계선을 따라
파풍破風이 이끄는 데로 따라가니 어느새 해변이다

* 제주 밭담의 별칭.

절반의 청사진

 연필 하나로 집을 짓습니다

 도면 위 실선을 그리고 묵은 감정을 지우면 아이들은 다락방에 누워 별자리를 읽으며 사라지는 유성의 꼬리를 궁금해 하겠지요 끊어진 실선에 손끝이 검게 젖어도 일렁이는 노을과 태양을 받아 안는 붉은 벽돌의 질서를 복사하고 싶어요 기억은 늙지 않고 실수는 태어나요 이제 불행을 실습하던 목소리를 바꿔달게요 예전의 싱싱한 초인종으로

 울음의 방은 삭제했어요 위험한 연습을 피해 달의 표정과 빗소리를 들으며 베란다에서 젖지 않은 맨발로 서 있을 수 있도록, 모서리마다 편백나무의 향을 덧붙이고 결합이라는 벽지로 마감할 거예요 세상에 하나뿐인 미래를 거실 카펫처럼 펼쳐둔 내가 그린 문은 양방향이에요 당신만 건너오면 완성될,

 밑그림을 먼저 그린 건 당신이어서

내연

천년을 부둥켜안은 암키와 수키와
부부의 연으로 빈집을 지킨다
어느 한순간 질긴 매듭을 풀고 싶지 않았을까
빗소리도 떼어놓지 못한
저 완고한 포옹
먹구름이 처마를 타고 내려갈 때마다
낙수의 속도를 조절하는 내공은
지붕의 도리道里*
현수곡선을 따라 직진과 흐름을 반복하며
내혼 또는 포목혼을 새겨 넣은
처음 만져본 와편에서 제와장의 깊은 숨소리가 들린다
물방울과 물방울이 모여 우기가 시작되듯
빈집을 잡고 있는 건 기둥이 아닌
오랜 시간 틈이 가고 느슨해진 암수라는 만남이다
누군가 살다간 집터에서 지워진 그날을 꺼낼 수 있을까
반월 같은 눈물골 따라 주르륵 흐를 것 같은

와당에 걸린 울음들

느리게 단단해진 파편들, 어느 고택의 고와古瓦를

금간 갈비뼈 만지듯 더듬어본다

낯선 고도에서 자라 서로를 단단히 물고 있는 서까래 아래

좌선하며 밖을 보던 내밀한 눈동자는 몇 개였을까

서늘한 빗방울이 가만히 내려와 마루 끝에 앉아 쉰다

살갗이 터지기 전까지 아무도 알아채지 못한 마루의 낯빛

몸 안으로 밀어 넣지 못한 몸 밖의 쓸쓸함

낡은 수평을 따라 나도 함께 기울어진다

집이라는 이름을 아직 버리지 않았기에

* 한옥 지붕을 가로로 받치고 있는 둥근 나무.

입이 없는 돌

우주 한 채를 받치고 있는 무명석無名石
저것도 처음엔 무언가의 안쪽이었다
돌의 기억을 펼치면 먼저 살다간 사람들의 흔적을 만날 수 있고
단단한 문장을 해독하면
별들의 유목지와 어둠의 은신처를 유추할 수 있을 거다
집이 날아가지 못하도록 여전히 붙잡고 있는 끈기
천천히 쓰다듬어보면
나의 첫울음과 할머니의 마지막 숨소리가 들린다
소여물 끓는 냄새와
누룽지 긁어주던 저녁
별들이 쏟아지던 평상 위의 밤
타임캡슐처럼 가계의 에피소드를 모두 담고 있다
젖은 고무신 세워 둔 채 졸던 할머니는 알고 있었다
내가 다시 와 주춧돌을 읽어낼 것을…
그러니 내연이 감쪽같이 빠져나간 빈집에게도 인력引力은 있다

탯자리 버린 사람들을 끌어당기는 힘
돌은 항상 사람보다 힘이 세다
부분이 아니다 전체는 더더욱 아니다
그냥 중심이다
돌의 숨소리를 들을 줄 아는 사람은
부끄러움 하나 쯤 아는 사람이다
돌은 들었던 고백을
끝내 발설하지 않을 것이다

초분草墳

조등처럼 촉루를 밝혀도 방문객이 없는
이곳은 어느 집
어느 방일까

다족류가 다가와 나의 안색을 살피고 날아간다
피가 흐르지 않는 체온을 알아버린 듯

이번에는 무언가 옆구리를 감싼다
나는 누구의 발소리도 불러 세우지 못하는데

가까이 있는 쓸쓸함마저 무심해지고
달그락거리는 무릎뼈 소리만 갯바람이 수습해 간다

건초지붕 틈으로 흘러나오는 당신의 초성初聲을
받아 적었다 지우는, 나는 주검일까, 육신일까

호흡이 거칠어지는 나의 거처에서
나는 내가 무섭다

머리를 자궁에 들이민 자세로
내가 나에게로 스며들지 못하는 초성草城안의 잠,

슬픔이 풀잎처럼 바스라진다
식물성을 껴입고 알몸이 된 지 오래,
흉문이 수런거리다 잦아진다

잠을 덮고 누워 내가 빠져나온 나의 껍데기와 독대하는
기다림은 습관, 아니면 지병
사라진 살과 뼈조차 향기로워야할 나는
남아있는 뒷모습 하나 있어 아직 묻히지 못했다

고정

  경주 월성에 열여덟 층으로 쌓인 흙의 표정이 있다

  성벽이 자세를 풀지 않는 것은 우연이 아니다
  해와 달의 시차가 번갈아 쌓인 성토(盛土)는
  지층과 지층의 대화
  바다였다가 갯벌의 신분이었다가 나무뿌리를 섬기거나
  바위를 붙잡고 살았을 족속들의 몸짓
  붉거나 검은 색색의 감정들이 서로에게 스며 완전한 버팀이다

  단단히 껴안고 굳은 위와 아래, 계급 따윈 없다
  세상의 기준 따위는 아랑곳 않는 서열들이
  기질과 지질에 섞여 밀착을 만들어 냈다
  한 몸을 향한 이것과 저것의 끈기
  분리할 수 없는 부드러운 몰입
  누가 저것들을 떼어낼 수 있을까

성격이 비슷한 당신과 당신은 자주 다투어
무너지고 느슨해질 때가 많았다

참흙으로 빚은 관계도 틈은 생긴다
햇살아래 말라가는 토우처럼

균열이 점점 파국을 향해 뻗어가는 날에는
서로의 팔을 끼고 월성에 간다

hole

넌,
집안의 구멍이야
어두운 귀도 아빠의 그 말은 알아들었어요

말 한마디에 내 몸에 생긴 캄캄한 구멍들
구멍 난 집구석
틈은 사방에 있었죠

목까지 차오른 밑바닥이 있었지만
심장에 기흉자국이 남았지만
차마 아빠를 구멍 낼 순 없었어요

숨구멍을 포기한 엄마는 괜찮다고 말했지만
모짜렐라 치즈는 먹기 싫었어요
시큼 달콤 짭짤한 생의 비율이 스며들었다며
연근 장아찌를 입에 넣어 주셨지만
뱉어버렸지요

나대신 그걸 다 먹고 기포가 가득 찬 엄마
한사코 아닌 척을 했어요
구멍의 최종 목표는 늪이겠죠
나는 완전히 사라지고 거대한 눈동자만 남겠죠

봄날 오후
엄마가 키운 화농으로 가득 찬 꽃들이
후두둑 떨어지는 이유를 알겠어요
그것이 가장 유일한 출구니까요

드림 캐처

달아나는 꿈을 더듬는다
오래 전에 도주한
단서 하나 남기지 않은 그녀를 찾는 중이다
어디에서 놓쳤을까
온밤을 뜬눈으로 탐색한다
손아귀를 빠져나간 문양은 태양을 항상 두려워했다

흘린 잠 속에선 또 내가 백야를 살고
몽타주 없는 실마리는 늘 빈손을 내건다
눈을 뜨면 허공을 걷던 바람과 흔들리는 예지몽이
또 주문을 건다
그녀는 왜 하필 나와 닮아있을까
나 몰래 어떻게 내 몸속을 빠져나갔을까
 어둠만 잔뜩 자라고 있는 광활한 트라우마를 남겨
놓고

모과의 자상

　구름의 주저흔이 묻어있는 빗줄기에 모과는 낙상을 하고
　내 손에 향기가 쥐어졌다
　지난밤, 나무의 뒤척임이 아니었으면
　내게 오지 않았을 타원형의 노란 불면증 한 개
　애벌레가 박아 놓은 잇자국을 보란 듯이 내민다
　소낙비회초리자국이 선명한
　나무가 스스로 떨어트린 열매
　손바닥 같은 잎이 재빨리 자해흔을 숨긴다
　향기는 단단한 몸이 흘린 소리 없는 신음
　어떤 상처의 화농이 이리 향기로울까
　그해 가을,
　당신은 내게 수직으로 떨어진 통증
　연애의 수분이 마르는 가으내
　나는 앓았다

제 3 부

접목

귤의 발단과 오렌지의 전개를 섞으면
어떤 위기에 도달할 수 있을까
상처와 상처가 맞물려 혈이 흐르고
다짐까지 아물어야 하나의 계절을 완성할 수 있는데

두 자세가 한 자세가 되는 연리지의 시간은 얼마일까
우리의 교접橋椄은 안전한 열망이 되길 원했는데
나는 나를,
너는 너를 고집하며
감정과 감각을 따로따로 숭배했지
끝내 하나의 파격으로 얽히지 못했지

 상처와 상처가 만나면 덧나기 마련인데
 상처를 견딘 종種들은 하나의 완전한 정체성을 주
장하지만
 자세히 보면 여러 개의 타성이 들어있는 거지

 접목할 수 없게 깊게 파인 상처들

상처가 생긴 순간, 바깥을 잘라 전생을 버린 나는
전혀 다른 몸으로 들어갔지

흑黑

블랙의 테마는 은밀
카푸치노, 사케라떼… 는 모티프다

아침마다 컵에 검은 목록을 펼치고
삭제해야 할 감정을 스케치한다

크림과 우유는 정석을 해치는 불순물

혼탁한 주석이 들어가면
커피는 어둠을 잃어간다

검정을 해치는 당신

섞일 수 없는 어제의 나와 오늘의 나

당신의 흑심을 발견한 후
나의 흑심은 더 두터워졌다

제습

벽지 속 작약은 입술이 부르텄다
송이가 눅눅해도 떨어질 생각을 않는다

버티는 거다
아니, 나처럼 만개를 견디는 거다

누가 20대를 절정이라 했는가
나는 집 안에서만 절정이다

화창한 날엔 괜히 눈물이 난다
차라리 우기가 더 좋다

뿌리와 줄기를 잘라 낸 저 꽃처럼
나도 흙수저를 잘라낼 수 있을까

내안에 차오르는 먹구름이 절망의 눈을 감싸고 있다
건기에 갈라진 이력서, 제습은 쓸모없다

크래커와 연애

습기와 중력은 치명타
경쾌하게 깨져야하지
눈물 한 방울에도 녹아내리는
크래커는 예민하지

연애의 생명은 바삭 부서지는 상쾌한 인사
첫 키스부터
내 심장이 조각났지

맛이 반감되는 접시의 계절
며칠 비가 내리면
빗소리에 눅눅한 크래커
이럴 때면
연애에 대한 건조주의보가 날아들지

봉지가 열릴 때마다
당신이 한 입에 꿀꺽 삼킬까 긴장하며
얇은 비닐 한 장으로 습기를 밀봉했지

슬쩍 빗소리를 끄고 라디오를 켜면
당신에게 맞추어진 주파수는 차단되지
우기 다음엔 항상 우기니까

속도는 쿠바에서 죽는다

방문의 목적은 무엇인가요
잠시 주춤거리는 여행이라는 말
질문보다 먼저 답을 말하는
속도에 미쳐가는 사람들은 쿠바에 가야한다

온몸이 늘어지도록 룸바를 추고
먼지 자욱한 노천카페에 앉아 식은 에스프레소를
마시거나
일주일 쯤 겉옷을 갈아입지 않아도 괜찮은
일몰도 천천히 사라지는 이곳의 속도는
처음부터 안단테 또는 라르고다

자신도 몰래
혁명을 해도 좋은 나라에서
붉음 속으로 흩어지려는 나를 테라스 앞에 세워둔 채
주체가 없는 나는
밀랍처럼 녹아내린다

가벼운 이사

동면중인 아버지
까마귀 소리에 화들짝 놀라신다
삽날이 봉분을 두드리니
집 허물어진지 언젠데 지금 오냐며
화내면서 웃으신다
문 활짝 열며 엄동에 웬 이사냐고
낡은 옷 여미는 아버지

무릎 달그락거리는 소리 얼른 수습해
뜨거운 화로 곁에 놓으니
곁불이라도 쬐라며 소리 없이
지정석으로 옮겨 가신다
하르르 떨어지는 흰 눈이 불을 밝힌
조등 없는 장례
묵은 슬픔에 나뭇잎이 바스라진다

아버지의 두 번째 삶은 봉분을 탈탈 털어도
한 줌도 되지 않았다

누수

베란다 구석을 차지한 소금자루
눅눅한 바다가 마르고 있다

갈수록 수척한
잡념을 흘려보내는 소금
간수 빠진 알갱이가 바스락거린다

태양과 바람과 달빛의 힘이 빠지는
이때가 간이 맞을 때,

스스로 간을 맞추는 소금

방치해야 살아나는 본질도 있다

혀 1

목을 맨 사람은 세치의 뿌리가 길어진다지
아무도 듣지 못한 말들이 우주의 궤적에 편승된다지
테두리를 빠져나간 누군가의 세치 혀는
별자리 근처에서 태胎의 흔적을 지운다지

당신이 어느 날 문득 뱉은 말을 지우고 싶을 때
밤하늘을 올려다보며 혼자 울 때
당신 눈에만 보이는 별 하나가 있다면
끈만은 절대 떠올려선 안되지
당분간 암묵을 사랑해야하지

귀는 항상 혀보다 더 높은 곳에 있으니까

미역귀

태초부터 귀가 아니었으니
귀를 뜯어도 담긴 기록이 없는
귀 아닌 귀

그것은 알고 보면
귀가 아닌 주름 잡힌 자궁
너울거리는 물결에 맞춰 멀리까지 씨를 흘려보낸다

물질에 묶여 하루를 채집하던 엄마
몸이 헐거워질 때마다 숨비소리를 단단히 동여매도
생계는 미역처럼 미끈하게 빠져나갔다

해초를 말리기 전 엄마는 귀를 잘라낸다
나를 낳고 귀를 넣고 끓인 미역국을 먹었을까
겹겹이 접힌 어디에 억척의 씨를 뿌렸을까
어느새 미역귀처럼 깊어진 눈가
한바탕 파도가 쓸고 가니 칠순이다
남쪽을 보며 눈물이 자주 부서진다

연포탕

끓는 냄비에 갇힌 낙지 한 마리
필사의 몸부림이다

죽음을 밀어내는 맹렬함도 잠시
이내 갯벌의 기억이 풀리고 빨판에 힘이 빠진다

낙지는 빨갛게 변해가는 발을 천천히
안쪽으로 거두어들인다

온몸이 뒤집힌 낙지
꽃처럼 붉게 피었다

군침을 삼키는 때를 놓친 식욕
도심의 허기를 죽은 낙지가 일으켜 세운다

유턴

당신과 함께 갇혔다
그때 차선을 돌리고 싶은 것은 당신만이 아니었는데
내가 너의 흐름을 따라갔는지
네가 나의 흐름 속으로 들어왔는지

미숙한 연애는 앞만 보며 달렸다
돌아가는 길은 길이 아니라고
유턴은 극단적 파문
고속이든 저속이든 한 가지 표정만을 고집한다

규정 속도처럼 정확하게 달리는 슬픔도 있을까
무릎에 손을 뻗어도 무심한 당신의 눈동자는
나를 통과해 오른쪽 사이드 미러를 본다
그 많던 떨림은 어디서 정체 중인지

경로를 이탈했습니다
경로를 재연산합니다
내비게이션이 경고하지만

더 깊숙이 엑셀을 밟는 당신

바깥은 여전히 맹렬하고

종이칼

칼집이 필요 없는
살기 없는 저 칼날은 비릿한 피 맛을 모른다
누군가의 소식을 잘라버린 적 많았지만
끝내 열리지 못하고 돌아온 내 안부도 있었다

어둡거나 환한 슬픔을 한 번에 개봉하는 종이칼
서슬 빠진 뭉툭한 칼끝은 종이와 가장 가까운 근친
나와 상관없는 너의 이별 통보에
쉼표로 가득 찬 답장을 한다

당신에게도
종이칼이 있을까, 없을까

제 4 부

시래기

모처럼 모인 자식들
배추밭에 버린 겉잎처럼 오늘 요양원으로 보냈다

문장의 고독

자리를 옮겼다

대를 이어 불멸 또는 적멸한다

백 년 동안 살다갈 초판들

사생어私生語로 등재한 너의 시집은 입양됐을까 파양됐을까

먼지 덮인 저 자세는 비문非文일까 비문碑文일까

나를 빠져나간 문장들, 처음부터 독방이다

혀 2

일필휘지로 갈겨 쓴
그대의 악필은 가독성이 없다

앞 뒤 잘린 문장을 툭, 뱉어내는 나선형의 붓
끝에서 밀어올린 문장이 폐곡선처럼
한 가지 판단력을 갖는다
말랑하게 반죽된 말은
밀착될수록 잘 들러붙는다

금방 번지고 쉽게 오그라드는 문장
붉은붓이 전하는
수많은 참고 앞에서 혓바늘처럼 난독이 돋았다

독설은 내부에서 내부를 공격하는 형식
누군가의 세 치에서 그대의 근황이 나올 때마다
난 매번 백지가 된다 창백하게 웃는다

입술이 달싹거릴 땐 침묵이 정답이다

동의합니까

모든 사항에 동의하지 않을 권리를 가지며
동의 없인 다음을 열어주지 않습니다

불면을 재촉하는
회색의 세계에 들어오시는 것을 동의하겠습니다

우울을 하루에 세 알씩 15일간 복용하십시오
낮과 밤을 혼용 하십시오

클릭,
다음 단계로 가십시오
클릭,
모든 번호를 수신거부 하십시오

동의하지 않을 경우 이탈이 어렵습니다
클릭,
모든 단계를 통과하셨습니다
지워질 권리에 동의합니다

녹턴

대낮에 야상곡을 연주한다

하나뿐인 객석,

당신은 귀 대신 온 뼈마디로 듣는다

반응과 호응은 한결 같고

B석에 누워 주기적으로 커튼콜을 외치는

당신은 날마다 밤이다

돼지들

입을 막지 않는 것은
외마디 비명을 토해내라는 마지막 배려가 아닐까

가축 운반차량 한 대 빠져나가고
아이의 일기장엔 외마디 비명이 차고 넘친다

집을 벗어나는 순간 짐승이다
300근의 살덩어리다

아이의 울음 따위는 1분 만에 잊고
잡식성의 식욕 속으로 사라진다

나는 종일 돼지꼬리로 문장을 삭제한 적 있다

지워진 팔

여름은
팔이 없어도 괜찮아
여름옷은
생략해도 좋아

재봉선을 돌아가는 태양은
지구의 회전에서 일몰했지
겨드랑이와 목덜미를 지나가는 벌레들은
자주 실밥이 풀어지고
장미넝쿨을 뜯어보면
덧댄 흔적,

긴 팔로 공장에 들어간
삼촌은 반팔로 실려 나왔지
팔이 사라진 순간 신부도 함께 잘려나갔지
삼촌의 혼수는 두 팔
여름이 가기 전에 예물이 돌아왔지
그대부터 삼촌은 여름을 증오했지

시간은 늘 긴소매 끝에서만 째깍거렸지
빨랫줄에서 펄럭이는 여름옷은
바람을 움켜쥘 손이 없지

두 다리가 없이도 여름은
치마폭에서 사뿐거렸지
다리가 없는 치마를 삼촌은 숨어서 보았지
난 그때 두 손의 욕을 배웠고
반팔 반바지 반푼이
아무리 욕을 해도
사라진 팔은 돌아오지 않았지

여름의 가격표가 어느새 바닥으로 떨어졌지
치솟던 그늘값이 반으로 잘려나간 가을
삼촌 몸값도 반값으로 싹둑 잘려나갔지

등골

사람이든 짐승이든 등골이 없으면 끝장이지
푸딩처럼 희고 말랑한 직선 부러지거나 찢어지거나 절대 터지면 안되지

그런데, 등골에 빼먹다를 붙이면 대부분의 문장에 소름이 돋지

당신이 떠올리는 이미지처럼

오른손잡이 나무

 무성한 잎은 암막커튼
 어둑한 바닥에 수많은 그늘이 앉아있다

 군락 속 한 방향으로만 몸을 돌려가며 여름을 버티는 등나무
 한사코 햇볕을 밀어내고 그늘막을 만들었다
 뿌리가 몸을 뒤척일 때마다 나무의 가슴은 서늘해지고
 지면의 표정은 시원해진다

 잎에 촘촘히 적힌 계절의 일지를 따라가면 보라와 하양이 요동치는
 오른손잡이의 거주지
 오른손, 왼손 같은 방향 아니어도 길을 열어주는 소통의 정원이다

 질박한 대지에 뜨거운 여름이 담기면
 잎에 묻어 둔 어제의 그늘을 펼치고

오종종 둘러앉는 사람들 등나무 내부도 덩달아 소란해진다

 한 번쯤 왼쪽으로 몸을 돌리고 싶지는 않았을까
 왼손잡이 칡을 보며 그는 늘 갈등한다

 범어사 입구 불타는 전각을 바라보며 발을 동동 굴렀을 나무
 꽃의 색은 그날 데인 화인火印의 흔적이다
 누군가 다가오는 인기척에 재빨리 그늘과 향기를 대접하는 숲

 나는 누구의 그늘이었던가
 오래 전 내몸을 다녀간 시간들은 모두 늙었다

 툭툭 불거진 시간의 관절
 구불한 몸은 휘어져 보여도 서있는 것
 꼿꼿해도 꽃피우지 못하는 나무도 있다

바람의 결을 따라 방향을 바꾸는 햇볕
가을이 오고 있다
그늘에 숭숭 구멍이 뚫릴 것이다

집착 알레르기

의사의 처방은 간단했다
산책을 자주 하고 생각을 환기 시키세요
걷다 보면 항상 당신 집 앞이고
환기를 시키면 싱싱한 당신 얼굴이다

건조한 흔적은 밤에 주로 번지고 간지럽고
혼자 됐을 때 더 선명해진다
비참 깊숙이 손톱이 박혀 피가 흐르는 외딴 밤
아무리 발악을 해도 짓무른 쪽은 항상 내 쪽이다

긁으면 벌겋게 달아오르는 당신은
아무렇지도 않게 저녁을 먹고
내가 아닌 여자와 키스를 하고 섹스를 하고 코를 골 것이다
꿈속에서 조차 쾌적할 것이다

간

당신은 내가 쓴 문장의 간을 본다
25시에 태어난 문장은 싱거울까 짤까
결정할 표정이 염도를 가늠한다

오류들은
어떤 의도도 들키지 않게
첫 문장을 읽기도 전에 밀려나지 않게…

염부처럼 불순물 같은 오타를 골라낸 적 있다
한 글자 한 글자 행간의
간을 맞춘 적 있다

취향

능소화를 담장에 가두는 순간 당신은 피가 마를 거야
이리저리 흔들리며 비위를 맞추는 줄기와 가지처럼
꽃도 편애하는 방향이 있는 거니까

금이 간 담장의 말을 들어본 적 있니
사람의 생각과 다를 수 있음을
벽돌과 벽돌 사이사이에 적어 두었지
제 몸에 그늘이 많은 것들은 늘 우울이 필요하지
햇빛도 반 컵씩 섞어 먹여야해
굶기면 위장이 말라붙는 것도 있지만
거식증에 걸린 종들도 있지
무엇이든 과식하면 온몸이 타버리거든

어제 하루 종일 담장이 삼킨 건 나의 우왕좌왕
삼십년 만에 첫사랑을 발견한 사람처럼
혼잣말을 중얼거리다 갑자기 부끄러워진 시인처럼

홀씨도 자기만의 자세를 고집하지

북향이 밝아지면 사월이 폭발하고
계절풍도 태도를 바꿀 거야

꽃만 보고 있어도 그리움의 척추가 휘어지지
담장은 친절하지 않지만
안쪽으로 나비를 날려 보내는 일은 멈추지 않을거야
이별도 개인적 취향이 있으니까

제5부

틈의 계보학

모든 여자는 쌍태아를 낳을 때 갈비뼈에 금이 간다
그때 이미 균열을 학습 했지
우리가 웅크리고 앉아 있던 갈비뼈는
세 번째였을까 다섯 번째였을까
늑골에 새겨진 틈은 기흉이 되었지

분리라는 형식 아래 증세와 징후로 나누어졌지
우리가 너와 나로 나누어졌듯이
금 바깥쪽엔 생력生力이 돋았는데
금 안쪽엔 사력死力이 새겨졌지
누구에게나 한 개의 금은 남아있어야 호흡이 가능한데
나는 인큐베이터 안에서
한숨이 빠져나올 틈을 너무 일찍 알아버렸을까
예고도 없이 몇 번의 사건이 내 몸을 다녀갔지만
언젠가는 깨져버릴 실금을 안간힘으로 길게 더 늘려갔지

금도 나름의 태도를 가지고 있어서 완료형과 진행형의 차이를 알고 있었지만
 틈은 금이 갖는 파산,
 금의 속성을 이해하려면 무너지는 균형의 패턴을 읽어야 했지
 나는 통증을 끌어안은 채 엄마의 증후군으로 남았지

 사람들은 쌍둥이가 절반씩 뭔가를 나눠 갖는다고 착각하지만
 나에겐 금이 있지만
 너에겐 틈만 있어서
 울음을 중얼거릴 때마다 입술의 실금이 터지곤 했지

코러스

그 연습실은 당신이 살던 건물 지하에 있었지
우리는 목소리를 교환하는 사이
함께 부른 그 소절은 금이 간 벽 틈과 틈새로…

나는 지금 마이크에 묻은 조악한 음표의 꼬리를 잘라내고 있지
휘어지는 가성에 트랙이 늘어나 미칠 것 같았지만
끊어진 리듬은 끊어진 데로 두었지
분절된 마디마다 진성은 인기의 후음처럼 사라지고
저작권 없는 고음은 후렴이 되고 말았지

마이크 아래로 떨어진 음표들이 너의 입모양을 따라하고 있지
부유하는 화음이 등 뒤에서 다정히 껴안았지만
어긋난 음절들이 지나가기를 기다렸지
성대결절이 올 때마다 딱딱하게 굳어진 절망은 못갖춘마디라고나 할까

마이크에 묻은 타액이 아직 축축하게 남아있는데
악보 하나를 산산이 찢으면 분분히 흩날리는 당신의 근황들
그대의 음색은 빨강이었을까 검정이었을까

오선지 위에 그 어떤 감정도 표절해 두지 않은 것은 다행이야
이젠, 조율된 음원을 꺾어 귀에 꽂아두지 않을 거야
절대 음감은 있어도 절대 감정은 없으니까
현을 속이는 노래는 사死의 좌표를 쫓는 거니까

박음질의 공식

뜯어진 팔꿈치만 보면 드르륵드르륵
바늘의 식성은 잡식성
오늘은 어떤 맥락을 먹어치울까

당신의 낡은 소매 깃에 장미 덩굴을 덧댈까
오해를 패치워크 할까
우연을 반복하면 필연이라던데
얇을수록 울지 않아야 하는 관계 속에서
뜯어지는 속성은 과정일까 완성일까

당신과 헤어졌을 때조차 고르게 솔기를 만들었지만
 노루의 서툰 첫발은 땀 수 속에 교묘하게 숨겨야했
었는데

침실은 밑줄 같은 밑실이 필요충분조건
엉킨 사이를 먼저 풀던 당신이 있었지만
다음 날이면 우리는 매듭을 잘라버렸지

자투리 천들을 이어 붙이며 찢어진 감정을 짜깁기 했지
박음질은 고정이 아니라 움직임이지

분쇄기

이별은 흰자와 노른자를 분리하는 일
외로움은 서로 잡아당기는 점성을 가졌지
울음을 분쇄할 때에는 무조건 한 방향으로만 돌려야해
축의 회전에 슬픔의 단면이 조각나면
시작과 중간 사이에 달콤한 어절을 반영해야 하지
지독한 강박의 문장을 두른 채
비바체, 비바체 시모, 비바체 몰토
on, off, on, off
외골수인 집착의 행간을 눌렀다 끄면서
지나간 연애를 공회전 시켰지
유독 S자형 칼날을 좋아한 당신
회오리 속에 자투리 감정을 뚝뚝 잘라 돌리면
내 모든 감정의 색은 한 가지로 혼합됐지
뻑뻑한 회전엔 약간의 눈물만 첨가하면 되지
I자형은 진보적 S자형은 보수적인 성향의 회전율을 가졌지
갑자기 멈춘 분쇄기를 통째 흔들며

윙하는 소리를 구별할 수 있었지
그때 비로소 우리의 차이점을 알았지

오해의 레시피

그냥 두면 끓어 넘치는
불편한 거품

어느 눈금에서 불면의 불꽃을 줄여야 할까

혀끝이 아린 이기심과
싱싱한 질투 한 컵을 고춧가루에 첨가한다
그럴 듯한 거짓말을 돌려 깎아 5밀리로 조각낸 후
생생한 색감으로 미각을 흐리게 한다

날것의 시기猜忌를 듬뿍 떠 넣고
변명을 한 자밤 고명으로 올린다
당신들이 볶고 조려 멋대로 간을 맞춘 요리
몰려와 맛을 보고 뱉어낸 말들이
꾸역꾸역 귀로 들어간다
젓가락마다 한입거리의 흔적들이 묻어있다

오늘의 A코스는 소문이 주재료

시간과 입맛과 눈빛이 비법으로 버무려지면
3인분 같은 정량의 1인분이 완성된다

화려하게 장식한 차갑고 질긴
이 요리의 주제는 절반이 불일치다

변죽

잠잠하던 바람이 조율을 시작한다

한 번의 추임새에 화들짝 흩어지는 유배자들

당신은 변죽이 좋아 옆자리의 바람을 훔쳤고

당신에게서 멀어진 나는 주변으로 밀려났다

참담은 예고 없이 들이닥친다

변검

한 겹으로 버틸 수 없지요
낱장 넘기듯 울음을 벗어도
매번 새로운 표정을 요구하죠

맨 밑에 숨어있는 진면목
나를 밖에 세워두고
매번 나일까 의심하죠
찰나에 지워진 나를 찾지 못해

하얀 도란가루를 바르고
여러 색을 껴입지요
도색된 표정으로 살아가는
수십 장의 타인들은 나이고
당신이고

오른손으로 시선을 따돌리고
왼손으로 위장된 나를 떼어내려
줄 하나를 당기면

순식간에 달아나고 튀어나오는 낯선 얼굴들

밑바닥의 표정은 온전할까요

떨어진 얼굴을 주워
들키기 전 무대 밖으로 나가야해요

나와 함께 살고 있는 수많은 복면인들
내일은 또 누구를 내세울까요

바일리 꼰 꼬르떼*

두 남녀의 팔다리를 위해 연주하는 반도네온
여자의 다리가 남자를 휘감으면
음악이 뜨거워진다
정해진 포지션에서 만나고 헤어지는
계산된 각도와 각도가
꼬였다 풀린다

한때 무대 중앙에서
등 뒤를 받쳐주던 당신의 손가락이
흐트러진 동작을 수정해주었는데
밀려난 객석에서
꿈틀대는 팔다리를 지그시 누르고 있다

여자의 숨결이 귓불을 스칠 때
열정적 몸짓을 끌어당기는 차가운 표정
발바닥이 4분의 2박자로 달아오른다

테의 외곽으로 멀어지는 두 사람을

잡아당기는 조명
서로의 반쪽 얼굴 사이로 땀방울이 섞인다
마주보는 낯선 사이
이해가 다른 손과 발의 아부라소*

네가 보낸 붉은 장미는 소품이고
나는 아직 너와의 엉킴을 풀지 못했다

---

* 탱고.
* 따뜻한 포옹, 탱고 용어.

피쉬볼

무리를 이룬 정어리 떼
일제히 주둥이를 중앙으로 박는다
미역 다시마가 물고기 떼에 휩쓸리고
물결의 블랙홀에 걸려든 포식자
작은 물고기 떼의 전략은
힘차게 부레를 부풀려
복화술처럼 경고를 벙긋대며 중심으로 돌진하는 것
현란한 아가미들의 군무,
한자리에 모이니 큰 물결이다
일사불란 흩어지고 모이는
작은 물고기의 자구책에 덩치 큰 상어가 달아난다
지느러미의 길이에 따라
멀거나 가깝게 경고를 실어 나르는
물결은 불안한 꼬리의 조력자
파도보다는 대어를 공부했을 정어리
벙긋벙긋 입가에 경고를 흘리며
작은 꼬리로 물결을 다 사용한다
사방이 방향인 물속에서

중앙으로 돌진하는 일사불란한 아가미들
한 곳으로 머리를 박는 사생死生의 구도가
또 한 번 위기를 넘었다
속임수에 물이 부풀어 오른다

무료와 유료 사이

관람료 없는 꽃길을 지나 전시회를 간다
수시로 모습을 바꾸는 계절을 큐레이터는 어떻게 설명할지

미술관 초입 왕벚나무, 노숙하는 봄은 무료다

표구된 풍경에 값을 지불한 사람들이 줄을 서 있다
살아 숨 쉬는 늦봄의 풍경화를 지나친 그들
눈 내리는 마을* 입구에 몰려 아는 척
손가락으로 이리저리 그림을 재구성하며
고개를 끄덕이거나
멍하니 바라보거나,

컬러와 구도를 장황하게 풀어놓는 해설가
도록에 없는 생생한 봄은 그냥 넘긴다

관람객 하나 장미 넝쿨을 통과해
정지된 해바라기에 입장료를 지불한다

금방이라도 분粉이 묻어날 것 같은 액자에 갇힌 나비
미술관 옆 산책로 부전나비 한 마리 날아간다

순서에 따라 앞자리
또는 뒷자리에 걸리는 야생화

감상객들 오늘의 영산홍이 내일의 영산홍이 아닌데
일생일대의 명작을 놓친다

제비꽃이 4월에 낙관을 찍는다

어떤 방부제도 보존 불가한 봄이 진다

* 러시아 출신의 화가 마르크 샤갈의 작품 이름.

맹벽 盲壁*

사각을 하나 세웠더니 벽이 나타났다

내가 벽이라 믿었던 것은
거울, 달력, 옷걸이처럼 기댈 누군가의 등이었다
나의 벽에는 편협한 상사想思로 가득한 문장
보이는 당신의 등 앞에서 외로워하는 행위,
서랍에서 꺼낸 침묵 한 장이 붙어있다

누구에게나 하나의 벽은 필요해
가림막 하나쯤은 필요한 장치라서
당신과 나는 오랫동안 대치중이다

네가 만든 창문은 까치발도 닿지 않고
나의 벽은 흰색이어서 작은 오염도 잘 들켰다

벽 너머 당신의 잠꼬대가 한창이고
그 소리에 익숙해졌지만
밤마다 너의 목소리를 상상하며 이쪽을 두드리면

울림만 메아리로 돌아왔다

나의 고백이 밖으로 새어나갈 수도
당신의 답문이 안으로 들어올 수도 없는
벽 하나를 두고
너는 너만, 나는 나만 바라보았다

언젠가 고집을 허물어 버리면
너의 생각이 보일 것이고
그때 기다림이 적힌 손바닥을 전할 것이다

* 창문이 없거나 또는 창문이 높이 달린 벽.

해설

관계의 무늬, 혹은 가면의 미학

황치복
문학평론가

1. 관계, 존재의 본질

　김서하 시인은 2012년 평화신문 신춘문예에 시가 당선되어 문단에 나온 이래로 『나무의 세 시 방향』(시산맥사, 2016)이라는 첫 시집을 펴낸 바 있으며, 이번 시집은 시인의 두 번째 시집이 된다. 시인은 첫 시집에서 사물의 내밀한 생리와 존재 양태에 주목함으로써 새로운 감각과 발견의 놀라움을 선사해준 바 있다. 예컨대 시인은 「바람의 근육」이라는 시에서 "두루뭉술하게 뭉쳐지는 바람의 근육들/ 탈색된 나비 묵은 나뭇잎 하나/ 영수증의 바코드 망개나무 열매/ 올 풀린 스타킹이 기묘하게 얽혀 있다"고 묘사하면서 자신의 존재 증명처럼 남겨 놓은 흔적들을 통해서 바람의 생리와 그 존재 양태를 세밀히 묘사하고 있다. 마당의 한 구석에 새겨진 주름들을 보면서 바람이 만들어놓은 어떤 섬세한 물결과 무늬의 이면에서 바람의 존재를 부조해 내고 있는 셈이다.

그런데 시인이 주목하는 사물의 본질이나 양태는 사실 다른 사물과의 관계 속에서 발견되는 것이다. 인용된 시에서도 바람은 자신의 존재를 직접 드러내지 않는다. 나뭇잎과 망개나무 열매, 그리고 사구의 다양한 흔적과 주름들을 통해서 그것은 자신의 내밀한 존재의 비밀을 슬며시 드러내고 있는 것이다. 이번 시집은 이처럼 관계를 통해서 존재하는 사물과 인생의 다양한 국면에 대한 관심이 가장 주요한 동력이라고 할 수 있다. 사람과 사람, 사람과 사물, 그리고 사물과 사물들이 관계를 통해서 형성되는 심미적 아름다움이나 정동들, 그리고 관계의 파탄이 몰고 오는 파토스가 이번 시집의 가장 주요한 관심사인 셈이다. 다음 시들을 읽어보면 시인은 관계라는 함수를 모든 존재자들이 본질적으로 지니고 있으며, 그것에 자신의 존재 증명을 의지하는 것으로 간주하고 있음을 알 수 있다.

온수와 냉수가 뒤섞인
물의 모호한 경계처럼
나의 근본은 엄마도 되고 아빠도 되지
엄마는 오른손, 아빠는 왼손
나는 양손잡이지

엄마의 고백 속에는 아빠가 있는데
아빠 독백 속에는 엄마가 있을까
나의 윤곽엔 엄마도 있고 아빠도 있지
엄마의 독백 속에 내가 있고
아빠의 고백 속에 내가 없어야 할 텐데
식사할 때는 엄마만 있고 아빠는 없지
외출할 때는 아빠만 있고 엄마는 없지
갈라지는 자세를 배우지 못한 나는
회귀성 물고기가 되어 강과 바다를 떠도는 것이 장래희망,
엄마의 말을 배우며 아빠와 시소놀이를 했지만
내가 앞으로 가면 아빠는 뒤로 물러나 사이를 얼버무렸지
아빠는 애매한 경계를 제시했고
엄마와 나는 적당히 불안해하며 서로의 면面과 면面을 부벼지
오늘밤엔 아빠만 있고 엄마는 없지만
내 몸속엔 엄마와 아빠가 반반씩 들어있어
공간과 공간 속에 겹쳐지며 살아가지
이쪽도 저쪽도 아닌 듯이
구분은 있어도 분류는 없다는 듯이
우리는 있어도 우리들은 없는 것처럼

―「접이의 방식」 전문

접이란 경계면에 위치한 지역으로 두 지역의 특징이

동시에 나타나는 현상을 지칭하는 용어라는 점을 생각해 보면, 시적 주체가 자신의 존재에 대해서 어떻게 생각하는지를 짐작할 수 있다. 자신의 몸과 마음의 근본에는 엄마와 아빠가 있으며, "공간과 공간 속에 겹쳐지며 살아가"듯이 자신은 두 존재의 영향과 지배로부터 벗어날 수 없다는 것, 그리고 "회귀성 물고기가 되어 강과 바다를 떠도는 것"처럼 강과 바다의 경계에서 두 영역의 속성들을 공유하며 점이의 존재로서 살아가야 한다는 것 등의 메시지를 읽어낼 수 있다.

이러한 메시지도 메시지지만, 이 시의 시적 공간에 바둑돌처럼 놓여 있는 시어들, 즉 "경계"라든가 "사이", "면面과 면面" 등등의 어휘들은 이 시의 전체적인 윤곽을 구성하는 오이디푸스 콤플렉스적 구도와 함께 관계성이 자신의 본질에 놓여 있으며, 자신의 삶을 규정하는 동인으로 암시하고 있다. 그리고 "모호한", "애매한", "얼버무리다", "떠돌다" 등의 어휘들은 그러한 관계 형성의 어려움을 내포하고 있으면서도 동시에 타자와의 관계 속에서 형성되는 주체의 정체성이 분명하거나 투명할 수 없다는 사실을 시사해주고 있다. 즉 주체는 홀로서 자신의 정체성을 고립적이고 고정적으로 확립할 수 없으며 타자와 관계를 통해서 그것을 구축한다는 것, 그렇게 때문에 자아의 정체성이란 가변적이고 상대적이며 일시적인 것에 불과하다는 사실을 내포하고 있다.

결국 자신의 삶의 형성과 역사를 담은 자화상을 묘사하고 있는 이 작품은 부모와 아이라는 오이디푸스 삼각형에 기반을 두고 있으며, 그렇기 때문에 상징계에 들어가기 위해서는 관계를 내면화해야 한다는 사실을 강조하고 있는 것이다. 물론 전체적인 주조는 그 관계 형성의 간극과 균열 등의 어려움에 초점이 맞추어져 있지만, 가변적이고 상대적인 존재로서 두 지역의 특성을 동시에 공유하는 점이처럼, 강과 바다를 떠도는 물고기처럼 그러한 운명을 살아야 한다는 것을 암시하고 있는 셈이다. 그런데 김서하 시인이 보기에 이러한 관계적 존재로서의 위상은 사람에게 국한된 현상만은 아니다.

서귀포에 가면 담이 납작 엎드려
무작정 발목을 잡는다
거대한 바람을 다스려 당신에게 천천히 가라고,
옆을 볼 수밖에 없는 눈높이 앞에서
슬쩍 엉덩이를 까고 오줌을 누는 강아지
아방은 돌담에 기대 막걸리를 마시고
어멍은 망사리에 담아 온 해초를 풀어 새참을 준비하는
담장 너머 생의 속살이 훤히 보인다
이쪽과 저쪽의 풍경들이 월담을 하고
일렁이는 유채순과 산호초 사이 길게 누운 흑룡이
젖은 비늘을 햇볕에 말리며 밭 사이를 끼고 돈다

안쪽으로 새를 날려 보내지 않아도

당신의 근황을 들을 수 있을 듯,

한 발 한 발 리듬을 탈 때마다 파노라마가 펼쳐진다

당신과 잡은 손은 자주 풀어져

짧은 산책도 혼자인 적 많았는데

만리를 함께 걸어도 떨어지지 않는 풍경과 돌담,

낮과 낮이 모여 하나의 장면이 된

울퉁불퉁한 스크럼은 풍족風足의 유전자를 베꼈을까

두루뭉술한 경계선을 따라

파풍破風이 이끄는 데로 따라가니 어느새 해변이다

—「밭담」전문

  원래 밭담은 밭의 경계를 정확히 하기 위해서 밭의 가장자리를 현무암으로 쌓은 담을 지칭하기에 그것은 어떤 경계와 구획을 목적으로 한다. 하지만 그러한 인간의 의도와 달리 밭담은 이 시의 시적 구도에서 유채순과 산호초 사이에 누워서 하나의 풍경을 완성하고 있다. 밭과 밭을 가르고 나누는 것이 아니라 그것들과 접속하고, 그러한 접속을 통해서 하나의 완벽하고 아름다운 어떤 풍경을 완성한다는 것이다. 밭담이 집과 밭과 해변 등과 어우러져 하나의 풍경을 완성한다는 것은 그것이 제주라는 고장을 형성하는 다양한 사물들과 조화로운 관계를 형성했기 때문이다.

밭담이 아름다운 풍경으로서 주변 사물들과 관계를 형성하는 이유는 여러 가지이지만, 담이 낮아서 이쪽과 저쪽을 가로막거나 차단하지 않고 소통시킨다는 점, 풍경과 결코 분리되거나 떨어지지 않고 결합해 있다는 점, 그리고 마지막으로 "낱과 낱이 모여 하나의 장면이 된" 것처럼 전체의 구도에서 하나의 구성원으로 참여하고 있다는 점이다. 그런데 이러한 소통과 결합, 참여의 구도에서 밭담이 아름다운 풍경을 이루고 주변의 사물과 아름다운 관계를 형성할 수 있는 것은 결국 밭과 밭 사이, 혹은 밭과 해변 사이, 그리고 집과 집 사이에 존재하면서 이쪽과 저쪽의 연결하고 통합하는 역할을 하기 때문이다. 밭담이 주변의 사물들과 조화로운 관계를 통해서 아름다운 풍경을 이루고 있는 모습을 시적 주체는 "리듬"이라는 화음으로 표현하고 있다.

결국 이 작품에서 우리는 흑룡이라 불리는 밭담을 사이로 해서 유채순과 산호초가 나란히 한 자리를 차지하고, 밭담의 안팎의 풍경들이 서로 넘나들며 낱낱의 개체들이 모여서 하나의 장면을 이루는 아름다운 관계의 향연을 읽어낼 수 있다. 이때 밭담의 안쪽에 자리하고 있는 막걸리를 마시는 "아방"이나 "망사리에 담아 온 해초를 풀어 새참을 준비하는" "어망" 또한 하나의 "낱"으로 이 풍경에 참여하게 된다. 시인은 이 시집에서 이러한 장면을 자주 보여주는데, 붉은 벽돌담을 보고서 "곡선

직선이 한 몸으로 엉킨 채/ 붉은 고집을 잔뜩 품고" 있는 "한 통속"(「붉은 벽돌의 자세」)이라고 하면서 벽돌담을 이루고 있는 기하학적 모형의 결합을 읽어내기도 하고, 경주 월성의 토성을 보면서 시인은 "해와 달의 시차가 번갈아 쌓인 성토盛土는/ 지층과 지층의 대화"라고 묘사하기도 하고, "기질과 지질이 섞여 밀착을 만들어 냈다./ 한 몸을 향한 이것과 저것의 끈기/ 분리할 수 없는 부드러운 몰입"(「고정」)이라고 하면서 지층과 지층의 결과 겹들이 만들어 내는 어떤 조화로운 무늬를 읽어내기도 한다.

이처럼 사물들이 서로 긴밀한 관계를 형성하면서 형성하는 어떤 무늬나 문양에 주목하는 시인의 관심은 관계를 사물들의 본성으로 간주하면서 "낱과 낱이 모여서" 만들어내는 "하나의 장면"으로서의 화음과 조화에 대한 열망을 반영해준다. 관계를 향한 관심은 사물과 사람에 국한되지 않으며, 그것은 시에 대한 자의식이라고 할 수 있는 문장의 차원에서도 발현된다.

자리를 옮겼다

대를 이어 불멸 또는 적멸한다

백 년 동안 살다갈 초판들

사생어私生語로 등재한 너의 시집은 입양됐을까 파양됐을까

먼지 덮인 저 자세는 비문非文일까 비문碑文일까

나를 빠져나간 문장들, 처음부터 독방이다
—「문장의 고독」전문

"나를 빠져나간 문장들"은 자아와 타자를 연결하는 메신저로서 역할을 부여받고 있으며, 그것은 영혼과 영혼을 연결하는 가교와도 같은 낱과 낱이다. 그것들의 집적물은 "사생어私生語로 등재한 너의 시집"이라는 점에서 어떤 정통적 권위에 의해서 정당화되거나 공인될 수 없는 처지에 있다. 따라서 그것은 고독한 "독방"과 같으며, 어떤 타자가 그것들을 펼쳐서 읽어주었을 때, 문장은 공론과 공유의 장場이 된다. 따라서 시적 구도에서 그것은 소통에 성공하여 관계를 형성할 경우 "입양"이 되는 것이며, 실패할 경우 "파양"이 되는 것으로 간주할 수 있다. 거시적으로 보았을 때, 입양이 되었다는 것은 문화적 유전자처럼 자신의 언어가 타자의 뇌리에 각인되어 이어짐으로써 "불멸"을 실현할 수 있으며, 파양될 경우 그것은 고독한 독방에서 "적멸"에 이를 것이다.

물론 시인은 "먼지 덮인 저 자세는 비문非文일까 비문碑文일까"라고 하면서 문장과 시집이 독자와 소통에 실패해서 적멸의 길에 들어설 것을 경계하고 우려하고 있

다. 이러한 우려는 결국 문장이나 그것의 집적물인 시집이라는 것은 타자와 관계를 통해서 존재의 의미를 찾게 되며, 따라서 관계의 그물망 속에서 자신의 가치를 발견할 수 있음을 역설하고 있는 것으로 해석할 수 있다. 이 시집의 주된 관심사인 관계의 그물망은 사람과 사람, 사물과 사물, 그리고 언어와 문장을 아우르면서 아름다운 "집"의 이미지에 이르러 가장 빛을 발하게 된다.

2. 집, 관계의 그물망

천년을 부둥켜안은 암키와 수키와
부부의 연으로 빈집을 지킨다
어느 한순간 질긴 매듭을 풀고 싶지 않았을까
빗소리도 떼어놓지 못한
저 완고한 포옹
먹구름이 처마를 타고 내려갈 때마다
낙수의 속도를 조절하는 내공은
지붕의 도리道里
현수곡선을 따라 직진과 흐름을 반복하며
내흔 또는 포목흔을 새겨 넣은
처음 만져본 와편에서 제와장의 깊은 숨소리가 들린다
물방울과 물방울이 모여 우기가 시작되듯
빈집을 잡고 있는 건 기둥이 아닌

오랜 시간 틈이 가고 느슨해진 암수라는 만남이다
누군가 살다간 집터에서 지워진 그날을 꺼낼 수 있을까
반월 같은 눈물골 따라 주르륵 흐를 것 같은
와당에 걸린 울음들
느리게 단단해진 파편들, 어느 고택의 고와古瓦를
금간 갈비뼈 만지듯 더듬어본다
낯선 고도에서 자라 서로를 단단히 물고 있는 서까래 아래
좌선하며 밖을 보던 내밀한 눈동자는 몇 개였을까
서늘한 빗방울이 가만히 내려와 마루 끝에 앉아 쉰다
살갗이 터지기 전까지 아무도 알아채지 못한 마루의 낯빛
몸 안으로 밀어 넣지 못한 몸 밖의 쓸쓸함
낡은 수평을 따라 나도 함께 기울어진다
집이라는 이름을 아직 버리지 않았기에

—「내연」 전문

관계의 그물망이 그려내는 아름다운 무늬를 그려내고 있는 빼어난 작품이다. 집을 구성하고 있는 재료들, 즉 암키와 수키와를 비롯하여 기둥과 처마, 도리와 와당(막새기와), 그리고 서까래와 마루 등의 요소들은 각각 밀접한 관계를 통해서 하나의 집을 완성하고 있다. 이러한 점에서 집이란 관계의 그물망이라고 할 수 있는 셈이다. 관계의 그물망이 완성한 이 오래된 집은 각각의 구성 요소들이 조화로운 관계를 이루고 있기에 그곳에는 아름

다운 무늬와 화음이 자리잡고 있다. "현수곡선을 따라 직진과 흐름을 반복하며" "와편"에 새겨 넣어진 "내혼"과 "포목흔"을 비롯하여 "천년을 부둥켜안은 암키와 수키와"가 보여주는 "저 완고한 포옹", 그리고 "낯선 고도에서 자라 서로를 단단히 물고 있는 서까래" 등의 무늬와 화음의 이미지가 바로 그러한 관계의 아름다움을 대변해주고 있다.

하지만 이 집이라는 시적 대상에는 이처럼 겉으로 드러난 관계만 존재하는 것은 아니다. "내연"이라는 제목에서 암시하고 있듯이 이 집이라는 관계의 그물망 속에는 다양하고 은밀한 연고로 맺어진 관계망들이 숨어 있다. 먼저 "처음 만져본 와편에서 제와장의 깊은 숨소리가 들린다"는 대목에서 연상할 수 있는 집과 수제기와의 장인과의 관계를 유추할 수 있으며, "누군가 살다간 집터"라는 대목에서 이 집에 거주했던 옛 주인과 집의 관계, 그리고 마지막 구절 "낡은 수평을 따라 나도 함께 기울어진다"는 대목에서 연상되는 시적 주체와 집의 관계 등을 상정할 수 있다. 그리고 마지막으로 "좌선하며 밖을 보던 내밀한 눈동자"에 주목하면서 "내연"이라는 제목을 통해서 불교적 상상력을 발휘해 보면 모든 존재는 이것이 생生하면 저것이 생生하고, 이것이 멸滅하면 저것이 멸滅한다는 만물의 인과관계와 상호의존성을 강조하는 연기설緣起說을 떠올릴 수도 있다.

이렇게 상상력을 확대해 보면 이 집은 암키와와 수키와와 같은 단순한 재료들의 관계에서부터 집과 제작자, 거주자, 감상자 등의 관계뿐만 아니라 공간적 관계에서부터 무수한 시간에 걸친 인과적 관계에까지 얽혀 있는 그물망을 상정할 수 있을 것이다. 그렇게 될 때, 이 집은 건축물이 아니라 심미적 아름다움을 내포한 예술, 인간과 세계의 이치를 담고 있는 종교, 그리고 무수한 시간에 걸친 퇴락과 몰락의 과정을 기록한 역사 등의 다양한 인문학적 가치들이 덕지덕지 달라붙게 된다. 관계의 그물망으로 지어진 이 집은 단순한 집이 아니라 하나의 조화로운 세계Umwelt이며, 우주Cosmos가 되는 셈이다. 관계의 그물망이 만들어낸 하나의 화음이자 음악이기도 하다. 관계의 미학이 그려내는 아름다운 우주에 대한 생각을 다음 시편에서도 분명히 확인할 수 있다.

우주 한 채를 받치고 있는 무명석無名石
저것도 처음엔 무언가의 안쪽이었다
돌의 기억을 펼치면 먼저 살다간 사람들의 흔적을 만날 수 있고
단단한 문장을 해독하면
별들의 유목지와 어둠의 은신처를 유추할 수 있을 거다
집이 날아가지 못하도록 여전히 붙잡고 있는 끈기
천천히 쓰다듬어보면

나의 첫울음과 할머니의 마지막 숨소리가 들린다
소여물 끓는 냄새와
누룽지 긁어주던 저녁
별들이 쏟아지던 평상 위의 밤
타임캡슐처럼 가계의 에피소드를 모두 담고 있다
젖은 고무신 세워 둔 채 졸던 할머니는 알고 있었다
내가 다시 와 주춧돌을 읽어낼 것을…
그러니 내연이 감쪽같이 빠져나간 빈집에게도 인력引力은 있다
탯자리 버린 사람들을 끌어당기는 힘
돌은 항상 사람보다 힘이 세다
부분이 아니다 전체는 더더욱 아니다
그냥 중심이다
돌의 숨소리를 들을 줄 아는 사람은
부끄러움 하나쯤 아는 사람이다
돌은 들었던 고백을
끝내 발설하지 않을 것이다

—「입이 없는 돌」 전문

지금은 모두가 떠나버린 빈집을 붙잡고 있는 주춧돌에 대해서 시적 주체는 "우주 한 채를 받치고 있는 무명석無名石"이라고 명명하면서 한 가족의 삶과 내력이 응축되어 있는 하나의 제유라고 할 수 있는 돌에서 다양한

사연과 연고와 소이 등을 소환하고 있다. 빈집의 주춧돌이 "우주 한 채를 받"칠 수 있고, 빈집이 "우주 한 채"가 될 수 있는 것은 그 집이 "내연"을 지니고 있기 때문이다. 은밀하고 내밀한 연고란 곧 그 집과 얽히고설킨 다양한 존재자들이 엮어내는 관계의 그물망이다. 그 그물망의 그물코에는 "나의 첫울음"이 있고, "할머니의 마지막 숨소리"가 있으며, "소여물 끓는 냄새/ 누룽지 긁어주던 저녁/ 별들이 쏟아지던 평상 위의 밤" 등이 아침이슬처럼 주렁주렁 매달려 있다.

그물코의 중심에는 "탯자리"가 있는데, 탯자리는 우주의 배꼽으로서 모든 기억과 사연과 에피소드가 발산하는 원천이며, 중심점이다. 관계의 그물망으로 얽혀 있는 빈집을 떠받치는 주춧돌이 부분이나 전체가 아니라 "그냥 중심"이 될 수 있는 것은 이와 같은 우주의 배꼽으로서 탯자리가 다양한 기억과 사연과 연고를 통어하면서 회귀의 자력磁力을 발산하기 때문이다. 물론 좀더 깊숙이 들여다보면 돌이 그처럼 회귀의 자장력을 발휘하면서 우주의 중심이 될 수 있는 것은 그 집에 살던 사람들의 고백을 응축하고 있기 때문이다. 시적 논리에 의하면 돌이 응축하고 있는 고백이란 부끄러움을 그 중심적 내용으로 하고 있으며, 부끄러움이란 가장 내밀한 고백이라는 점에서 탯자리와 같은 위상을 지니고 있다. 부끄러움은 유한한 존재자들이 지닌 가장 내밀한 속성이며, 그러한 고백들을 응축하고 있는 돌은 "내연"의 집적물로서 그 집과 관계된 존재자들을 끌어들이는 "인력引力"을 발휘하고 있는 것이다.

이 시의 시적 공간을 다시금 조감해 보면, 주춧돌을 중심으로 다양한 존재자들이 수평적인 관계망을 형성하고 있으며, 가장 내밀한 내연에서부터 저 우주 공간에 이르기까지 수직적인 관계망이 또한 포진하고 있음을 읽어낼 수 있다. 이러한 관계망이 구축하고 있는 집과 돌의 이미지는 매우 조화로운 것이며, 아름다운 이미지를 제공한다. 하지만 관계망이 항상 하모니를 이루는 것은 아니며, 김서하 시인의 많은 시편들은 이러한 관계의 균열과 간극, 분열과 파탄 현상에 주목하면서 그것이 발산하는 파토스를 강조한다. 김서하 시인의 시편들에서 관계의 조화를 찾는 것보다는 파탄의 광경과 파토스를 그린 작품을 더욱 쉽게 찾아볼 수 있는 것은 물론 관계의 조화에 대한 열망을 반영하고 있지만, 관계의 화음과 조화에서 벗어나 관계의 파탄과 균열만을 유독 강조하는 것을 음미해보면 타자에 이르는 길이 얼마나 지난한 것이며, 타자를 이해하고 그들과 공감을 형성하는 것이 얼마나 극적인 것인지에 대한 시적 주체의 생각을 읽어낼 수 있다. 관계의 파탄을 향하고 있는 작품들로 눈을 돌려보자.

3. 관계의 간극과 균열, 혹은 가면

귤의 발단과 오렌지의 전개를 섞으면
어떤 위기에 도달할 수 있을까
상처와 상처가 맞물려 혈이 흐르고
다짐까지 아물어야 하나의 계절을 완성할 수 있는데

두 자세가 한 자세가 되는 연리지의 시간은 얼마일까
우리의 교접橋接은 안전한 열망이 되길 원했는데
나는 나를,
너는 너를 고집하며
감정과 감각을 따로따로 숭배했지
끝내 하나의 파격으로 얽히지 못했지

상처와 상처가 만나면 덧나기 마련인데
상처를 견딘 종種들은 하나의 완전한 정체성을 주장하지만
자세히 보면 여러 개의 타성이 들어있는 거지

접목할 수 없게 깊게 파인 상처들
상처가 생긴 순간, 바깥을 잘라 전생을 버린 나는
전혀 다른 몸으로 들어갔지

―「접목」 전문

접목榛木이라는 용어는 나무를 접붙인다는 의미도 있지만, 둘 이상의 현상을 알맞게 조화하게 한다는 의미도 가지고 있다. 시적 주체가 지니고 있는 관계의 조화와 화음에 대한 관심과 열망을 대변해주고 있는 셈이다. 하지만 시적 내용은 그러한 화음과 조화의 불가능성으로 인한 정동과 파탄에 대한 페시미즘으로 넘치고 있다. 시의 첫 부분에 등장하는 "도달하다", "맞물리다", "아물다", "완성하다" 등의 시어들은 조화로운 관계에 대한 시적 화자의 열망을 대변해준다. 물론 "연리지"라든가 "교접橋接" 등의 시어들도 시적 화자의 지향점을 분명히 해준다.

하지만 접목榛木이라는 사건 자체가 상처를 전제로 하는 것이어서 두 주체의 조화로운 결합이 쉽지 않다는 사실을 함축하고 있다. 이 시편에 일곱 번 등장하는 "상처"라는 어휘는 두 존재자의 결합 사이에 존재하는 불화와 갈등, 균열과 간극의 심연을 강조해준다. 이질적인 두 주체의 만남은 온전한 정체성의 붕괴와 훼손을 전제하기에 상처를 산출할 수밖에 없으며, 따라서 두 주체가 조화로운 관계를 이루는 방식은 "파격"의 방식이어야 한다. 왜냐하면 두 주체의 만남은 자신의 정체성을 주장하지 않고 관계를 통해서 새로운 주체로 거듭나야 하는데, 새로운 주체로 거듭나기 위해서는 존재자들이 유지해온 기존의 일정한 격식을 깨뜨릴 필요가 있기 때문이다.

하지만 시적 진술에서 확인할 수 있듯이, 관계의 주체들은 자신을 버리지 않고 고유한 감정과 감각을 고집하며, 상처를 견디어내고서도 "하나의 완전한 정체성을 주장"한다. 또한 상처라는 것은 접목의 전제 조건임에도 불구하고 상처가 생기면 그것을 자신의 일부에서 배제하고서 전혀 다른 정체성을 추구한다. 이처럼 완고한 정체성에 대한 강변과 방어기제들은 파격으로서의 조화로운 관계를 방해하며 상처를 잘라내고 고독한 단자처럼, 혹은 파편처럼 존재하는 방식을 택한다. 접목椄木을 방해하는 근본적 기제들인 셈이다. '접목'이 조화로운 관계에 대한 은유라면 '요리'라는 주제는 화학적 결합으로서 더욱더 조화로운 관계에 대한 의미를 함축하고 있다.

그냥 두면 끓어 넘치는
불편한 거품

어느 눈금에서 불면의 불꽃을 줄여야 할까

혀끝이 아린 이기심과
싱싱한 질투 한 컵을 고춧가루에 첨가한다
그럴 듯한 거짓말을 돌려 깎아 5밀리로 조각낸 후
생생한 색감으로 미각을 흐리게 한다

날것의 시기猜忌를 듬뿍 떠 넣고
변명을 한 자밤 고명으로 올린다
당신들이 볶고 조려 멋대로 간을 맞춘 요리
몰려와 맛을 보고 뱉어낸 말들이
꾸역꾸역 귀로 들어간다
젓가락마다 한입거리의 흔적들이 묻어있다

오늘의 A코스는 소문이 주재료
시간과 입맛과 눈빛이 비법으로 버무려지면
3인분 같은 정량의 1인분이 완성된다

화려하게 장식한 차갑고 질긴
이 요리의 주제는 절반이 불일치다

—「오해의 레시피」 전문

 "오해의 레시피"라는 제목부터 관계의 파탄을 상정하고 있다. 오해를 산출하고 양산하는 다양한 기제들을 요리의 과정을 통해 해명하고 있는 셈이다. 요리에서 가장 중요한 점은 재료들의 적절한 조합과 배치라고 할 수 있는데, 그러한 점에서 요리는 조화로운 관계를 형성하는 하나의 은유로 작동할 수 있다. 그런데 이 작품에 묘사되어 있는 조리 과정을 살펴보면 조화로운 배합을 찾아보기 어렵다. 우선 요리에 들어가는 재료들로 나열된 것들이 "혀끝 아린 이기심"을 비롯하여 "싱싱한 질투 한 컵", "그럴 듯한 거짓말", 그리고 "생생한 색감" 등의 허위와 부도덕으로 일관된 악덕들이다. 여기에 "날것의 시기猜忌"라든가 "한 자밤의 변명" 등도 첨가되는데, 이러한 재료 또한 온당한 관계를 형성하는 것을 방해하는 자질들임에 틀림없다. 그러한 재료들로 버무려진 요리에서 "불편의 거품"이 끓어 넘치는 것은 어쩌면 당연한 현상이며, 그러한 요리는 "불면의 불꽃"과 같은 번민과 고뇌로 달구어지는 것도 또한 당연한 이치이다.

그런데 이미 요리의 재료에서 짐작할 수 있지만, 이 요리는 먹는 음식이 아니며 어떤 사태에 대한 평가라든가 해석이라고 할 수 있다. "오늘의 A코스는 소문이 주재료"라는 언급이나 "시간과 입맛과 눈빛이 비법으로 버무려"진다는 진술을 참고해 보면, 이 요리의 주요한 재료는 사태를 둘러싸고 떠도는 풍문인데, 그것이 시간이 지남에 따라 다양한 사람들의 입맛에 의해 변형되고 특정한 관점에 의해 왜곡되고 가공됨으로써 궁극적으로 "불일치"라는 오해가 생산되는 셈이다. 물론 그러한 오해의 생산에는 "3인분 같은 정량의 1인분이 완성된다"는 묘사에서 알 수 있듯이 부풀려지고 과장되어 실체에서 멀어지는 과정이 포함된다. 결국 세상은 사태를 구성하는 진정한 재료들의 적절한 배치와 조합을 통해서 진

실에 도달할 수 있음에도 불구하고, 왜곡과 기만, 일탈과 악덕의 질료들을 폭력적으로 배치함으로써 오해와 불일치의 파탄을 초래하고 있음을 이 시는 절묘한 은유적 구도를 통해서 보여주고 있다. 질투와 시기 이기심과 거짓말 등의 요리의 재료들에 주목해 보면, 이러한 재료를 바탕으로 한 요리는 어떤 사태에 대한 접근방법과 해석일 수도 있지만, 또한 인간과 인간이 형성하는 어떤 장으로서의 인간관계를 상정할 수도 있을 것이다.

이처럼 김서하 시인의 이번 시집에서는 불화와 고립, 오해와 단절의 주제들이 집중적으로 출현하면서 관계의 파탄에 대한 시인의 관심을 대변해주고 있다. 이러한 주제와 함께 관계의 어려움을 상징하는 이미지로 "벽"이라든가 "틈", "금" 등의 단절과 분열의 이미지가 자주 등장하는 현상은 충분히 예상할 수 있는 일이다. 예컨대 "나의 고백이 밖으로 새어나갈 수도/ 당신의 답문이 안으로 들어올 수도 없는/ 벽 하나를 두고/ 너는 너만, 나는 나만 바라보았다"(「맹벽盲壁」)라는 대목에서는 자아와 타자 사이에 가로놓여 있는 "벽"이 소통단절의 기제로서 등장한다. 또한 "사람들은 쌍둥이가 절반씩 뭔가를 나눠 갖는다고 착각하지만/ 나에겐 금이 있지만/ 너에겐 틈만 있어서/ 울음을 중얼거릴 때마다 입술의 실금이 터지곤 했지"(「틈의 계보학」)에서는 "우리가 나와 너로 나누어"지면서 생겨나는 분열의 상징인 "금"과 그것의 진전된 파산 형태인 "틈" 등의 이미지가 갈등과 불화로 점철되는 관계의 양상을 대변해준다.

   그런데 시인이 이처럼 관계의 파탄과 분열 양상에 주목하면서 그것의 원인에 대해서는 어떻게 생각하는가? 관계의 파탄과 분열을 다룬 시편들은 나름대로 그러한 결과의 원인에 대해서 나름대로 진단하고 분석하면서 다각도로 접근하려는 시도를 보여주고 있다. 자아상과 정체성에 대한 집착으로 인해 고립을 초래한다든가, 현상에 대한 왜곡과 악덕의 발현으로 인한 오해가 산출되는 등의 메커니즘이 관계를 파탄시키는 주범으로 지적되곤 한다. 하지만 다음 시편들을 보면 상징계에 들어선 사회적 존재로서 현대인들은 그러한 불화와 파국을 존재론적인 숙명으로 내포하고 있음을 읽어내고 있다.

  달아나도 제자리로 돌아오는 시계바늘처럼
  근경과 원경은 정오와 자정처럼 애매하다
  낮과 밤의 경계는 흑백처럼 선명하지만
  누가 낮이고 누가 밤일까

  나와 당신의 시선이
  타인의 팔처럼 부딪치고 지나가는
  이곳과 저곳의 거리엔
  한마디에 멀어지는 간격과

밀착할수록 위험한 사이가 숨어있다

이중적 거리
두려운 간격
당신의 왼쪽과 나의 오른쪽 사이엔
안개가 자주 끼고 고장 난 신호등이 있다

벤치의 끝과 끝에 앉는 우리들
돌아서는 거리는 측정이 어렵고
서로 반경 안에서 떠돈다
끌어당기지 않으면서 사랑한다
밀어내지 않으면서 증오한다

두 개의 1인 극장
가깝고, 먼

—「가깝고, 먼」 전문

 "가깝고 먼"이라는 제목은 자아와 타자의 관계가 형성하는 거리, 곧 자아와 타자 사이의 심리적 거리이기도 하지만, 그것은 고정되어 있지 않고 유동적이고 가변적이라는 점에서 관계의 어려움을 암시한다. 시적 주체가 파악하기에 "나와 당신", 즉 주체와 타자가 형성하는 관계란 "달아나도 제자리로 돌아오는 시계바늘처럼", 그리고 "벤치의 끝과 끝에 앉은 우리들"처럼 불가분의 긴밀성을 지니고 있지만, 그렇기 때문에 매우 애매하고 난해한 성격을 지니고 있는 것이기도 하다. 달아나는 것이 돌아오는 것이며, 끝과 끝에 앉는 것이 관계를 유지하는 하나의 전략이 되기 때문이다.

또한 시적 주체가 파악하기에 관계라는 것은 "말 한 마디에 멀어지는 간격"처럼 매우 변덕스럽고 취약한 것이며, "밀착할수록 위험한 사이가 숨어있다"는 대목에서 알 수 있듯이, 가까울수록 균열과 충돌이 생길 수 있는 여지가 많아진다는 점에서 매우 미묘하고 오묘한 것일 수밖에 없다. "끌어당기지 않으면서 사랑한다/ 밀어내지 않으면서 증오한다"는 대목을 보면, 사람과 사람의 관계라는 것이 역설적이며 반어적인 성격을 지니고 있음을 알 수 있다. "이중적 거리"라든가 "두려운 간격" 등의 시어들을 표층과 심층의 이처럼 모순적이고 대립적인 구조를 매우 추상적인 형태로 반영하고 있다.

그런데 이와 같은 인간관계가 애매하고 미묘하며 역설적이고 반어적인 형태를 띠는 원인에 대해서 시적 화자는 "두 개의 1인 극장/ 가깝고, 먼"이라는 구절을 통해서 암시하고 있다. 연극적인 개념을 통해서 사회적 분석을 시도하는 캐나다의 사회학자 어빙 고프먼(Erving Goffman, 1922~1982)는 그의 사회학의 주저인 『자아 연출의 사회학』에서 사람person이라는 단어의 첫 번째 뜻이 '가면persona'이라는 것이 역사적 우연만은 아닐 것이라고 전제하고, 사람들은 저마다 언제 어디서나 다소 의식적으로 역할을 연기한다고 지적한다. 그리고 우리는 그 역할을 통해서 서로를 알기도 하지만, 우리 스스로를 알기도 하는 것도 역할을 통해서라고 주장한다. 또한 역할에 맞는 행동을 하려고 분투하면서 우리가 구축해 온 스스로에 대한 관념을 가면이라고 한다면, 가면이란 결국 우리의 참자아, 우리가 되고 싶어하는 자아라고 진단한다. 결국 역할이라는 것은 우리의 제2의 천성, 인성을 구성하고 통합하는 성분이며, 우리는 한 개인으로서 이 세상에 들어와 성격, 즉 가면을 획득하고 그러면서 사람이 된다는 것이다.

이러한 어빙 고프먼의 설명을 들어보면 사회는 하나의 무대인 셈이며, 사회적으로 호명되는 가면을 쓰고서 우리는 그 무대에서 연극을 상연하는 배우에 불과한 존재가 된다. 이 시의 마지막 구절에서 강조하고 있는 것처럼 관계를 형성하는 두 사람은 "두 개의 1인 극장"으로서 수많은 가면을 바꾸면서 타자와 관계를 형성해 가는데, 그러한 관계라는 것도 사회적으로 요청되는 역할의 연기에 따라서 의례적이고 형식적인 성격을 띠게 되는 셈이다. 그러니 그 관계는 한 없이 가깝기도 하지만, 가까워질수록 가면 뒤의 민낯이 들어날 수 있기에 "밀착할수록 위험한 사이"를 내포하고 있으며, 그러한 점에서

한 없이 먼 관계일 수밖에 없는 것이다. 다음 작품은 이러한 연극으로서의 관계 형성에 대한 메커니즘을 더욱 구체적으로 묘사해 주고 있다.

  한 겹으로 버틸 수 없지요
  낱장 넘기듯 울음을 벗어도
  매번 새로운 표정을 요구하죠

  맨 밑에 숨어있는 진면목
  나를 밖에 세워두고
  매번 나일까 의심하죠
  찰나에 지워진 나를 찾지 못해

  하얀 도란가루를 바르고
  여러 색을 껴입지요
  도색된 표정으로 살아가는
  수십 장의 타인들은 나이고
  당신이고

  오른손으로 시선을 따돌리고
  왼손으로 위장된 나를 떼어내려
  줄 하나를 당기면
  순식간에 달아나고 튀어나오는 낯선 얼굴들

밑바닥의 표정은 온전할까요

떨어진 얼굴을 주워
들키기 전 무대 밖으로 나가야해요

나와 함께 살고 있는 수많은 복면인들
내일은 또 누구를 내세울까요
─「변검」 전문

중국의 전통 공연인 변검變臉은 얼굴에 손을 대지 않고 순식간에 가면을 바꾸는 마술이자 예술이다. 하지만 이 시를 보면 변검은 특정한 무대를 배경으로 펼쳐지는 특별한 공연이 아니라 우리가 일상을 살아가면서 매번 경험하는 지극히 사소한 사건일 뿐이다. 변검이 우리의 일상적인 모습이자 행태라고 한다면 우리의 정체성은 한 가지로 규정할 수 없다. 무수한 가면들을 겹겹이 준비하고 있으면서 언제든지 필요한 가면을 내세울 수 있어야 하며, 그러한 점에서 현대인의 생활이란 카멜레온 같은 변신과 적응의 메케니즘을 필요로 한다. "나와 함께 살고 있는 수많은 복면인들"이라는 표현인 바로 자아의 다면적인 층위와 위상에 대해서 말해주고 있으며, 그러한 점에서 분열되어 있으며 왜곡되어 있고, 위장술을 처세술로 살아가고 있는 현대인의 자화상을 보여준다.

사정이 이러하기에 겹겹이 가면을 준비하고서 때에 따라서 그것을 활용하면서 살아가는 현대인에게 자아란 타자와 다르지 않다. 변검을 일상의 책략으로 해서 살아가는 현대인들에게 위장술은 지극히 자연스러운 일이다. "도란가루"라든가 "도색", "복면" 등의 어휘들은 현대인이 "진면목"을 들키지 않기 위해서 활용하는 다양한 변신술과 위장술의 장치들을 대변해준다. 그처럼 도색되고 화장술에 의해 위장된 얼굴들은 궁극적으로 나의 실체를 가린다는 점에서 나의 것이면서 또한 타인의 것이기도 하다. "도색된 표정으로 살아가는/ 수십 장의 타인들은 나이고/ 당신이고"라는 표현은 바로 그처럼 변검된 자아의 다중적인 성격을 분명히 해준다.

이러한 자아상으로 타자와 맺는 관계란 어떨 것인가? "의심하다", "따돌리다", "위장하다", "달아나다", "들키다" "내세우다" 등의 시어들은 복면, 혹은 가면으로 살아가는 현대인들이 맺는 관계의 본질을 시사해준다. 속이고, 숨기고, 위장하고, 의심하고, 가장하는 관계의 형성이야말로 바로 현대인이 추구하는 관계의 속성이라고 할 수 있는데, 트릭과 책략과 변신의 방법들이 그러한 관계 형성을 위해서 채용되는 기법들인 셈이다. 하지만 그러한 책략과 트릭이 성공할수록 우리는 우리가 누구인지, 우리의 맨 얼굴이 무엇인지를 망각하게 되고, 따라서 관계의 본질과 의미에 대해서도 성찰할 수 없는 지경으로 빠져들면서 태연히 변검을 하고 있는지 모른다.

  지금까지 우리는 김서하 시인이 추구한 관계의 미학에 대한 다양한 성찰을 더듬어왔다. 사람과 사람, 사물과 사물, 문장과 언어를 둘러싸고 형성되는 관계는 모든 존재자들의 본질적인 한 양상임을 확인할 수 있었다. 그리고 그러한 존재자들의 관계가 조화와 화음을 이룰 때, 우리는 아름다운 '집'의 이미지를 만날 수 있었다. 하지만 대부분의 관계는 균열과 간극, 분열과 파탄의 양상을 보여주고 있었는데, 그러한 관계 양상의 궁극적 원인으로 우리는 상징계적 세계가 강요하는 가면의 윤리학을 만날 수 있었다. 존재와 관계의 다소 형이상학적인 주제를 성찰하는 김서하 시인의 시적 도전과 모험은 매우 생기 있으면서도 웅숭깊은 그윽한 경지에 이르고 있다. 우리는 해설의 말미에서 만난 가면과 변검에 의해 형성되는 관계의 영역이 더욱 넓고 깊이 추구해볼만한 영역이라고 느낀다. 앞으로 시인의 더욱 성숙한 시적 성찰과 그윽하고 농밀한 파토스를 기대한다.

열린選 002

가깝고 먼

김서하 시집

초판 1쇄 발행일 · 2019년 03월 05일
초판 2쇄 발행일 · 2019년 04월 08일

지은이 ǀ 김서하
펴낸이 ǀ 노정자
펴낸곳 ǀ 도서출판 고요아침
편　집 ǀ 김남규

출판등록 ǀ 2002년 8월 1일 제 1-3094호
주　　소 ǀ 03678 서울시 서대문구 증가로 29길 12-27, 102호
전　　화 ǀ 02-302-3194~5
팩　　스 ǀ 02-302-3198
E-mail ǀ goyoachim@hanmail.net

ISBN 979-11-966367-1-5(04810)
세트 979-11-966321-9-9(04810)

*책 가격은 뒤표지에 표시되어 있습니다.
*지은이와 협의에 의해 인지는 생략합니다.
*잘못된 책은 교환해 드립니다.

ⓒ 김서하, 2019